Jürgen Zwilling

Gedichte, Gedanken, ein Plädoyer für die Freiheit

Jürgen Zwilling

Anthologie

Gedichte, Gedanken, ein Plädoyer für die

Freiheit

Bibliografische Information der Deutschen Nationalbibliothek:
Die Deutsche Nationalbibliothek verzeichnet diese Publikation in der Deutschen Nationalbibliografie; detaillierte bibliografische Daten sind im Internet über http://dnb.ddb.de abrufbar.

ISBN 978-3-96103-019-4

www.rediroma-verlag.de
11,95 Euro (D)

Inhaltsverzeichnis

Ich widme diesen Band

Meiner Tochter

Frau Jacqueline Zwilling

**Zum zweiten juristischen Staats-
examen 2016**

Am 09.08.2012 schrieb meine Tochter Jacqueline, als Widmung in ein Buch, was sie mir zum Geburtstag schenkte:

„Freiheit wird i.d.R. als die Möglichkeit verstanden, ohne Zwang zwischen verschiedenen Möglichkeiten auswählen und entscheiden zu können.
Ein weite Definition, die viele Interpretationsvarianten zulässt, in Freiheit zu leben.
Ein Grund darüber nachzudenken!"

Vorschlag angenommen! Wir denken gemeinsam darüber nach! Es lohnt sich - für die Freiheit.

Mai 1974. Schulausflug nach Berlin - hier Ostberlin. Ein Bild, was mich damals sehr bewegte, ein Bild, das mich bis heute bewegt, aufgenommen in einer Buchhandlung Unter den Linden.

Erziehung zum freiheitlich fortschrittlichem Denken, hinter Mauern?

„Wir haben die Aufgabe, die Jugend im Geiste einer kämpferischen Demokratie, der Freundschaft unter den friedliebenden Völkern zum selbstständigen, aufrechten und freiheitlichen fortschrittlichen Denken und Handeln zu erziehen."

Liberal im Sinne von DDR-BRD-Lebenserfahrung

Ein Facebook-Freund, Lutz Reimann, den ich über den verstorbenen Tom Buchwald kennenlernte, schrieb mir:

„Lieber Jürgen. Ich achte und hinterfrage Dich immer mehr. Du hast mir beigebracht, dass etwas gibt, jenseits von links und rechts, außerhalb von Ideologie und heuchlerischem Glauben, loyal zu sein. Zu geben wenn man dazu in der Lage ist, zu respektieren, auch wenn es fremd scheint, zu urteilen nach dem eigenem Denken, zu hinterfragen, was keiner fragt. Also liberal im Sinne von Menschenerfahrung.
Freundschaft zwischen zwei Menschen die unterschiedlicher nicht aufgewachsen sein können."
Aufgewachsen in zwei unterschiedlichen Systemen. Ein Beispiel dafür, dass die Freiheit das Allerwichtigste im Zusammenleben ist. Sie verleiht unserer Gesellschaft Substanz und Kultur.

Meine Frau Ursula, Flüchtling aus Polen. Im Land aufgewachsen, Ausbildung und Studium dort absolviert. 1982 nach Deutschland gekommen.

Zitat:

Freiheit muss man erkennen,
wer in Un**freiheit** aufwächst,
erkennt die **Freiheit** nicht,
Freiheit ist ein Lernprozess.

Freiheit ist ein **Naturrecht**
Eine Verantwortung des Menschen
Von der Natur bei der Geburt übertragen
Verantwortung für die Freiheit zu überneh-
men

Sehen wir uns den Begriff **Freiheit** an, ohne dass wir hier weitere Definitionsversuche der Philosophie oder Politik versuchen.

Was ist Freiheit?

Für **Platon** war der Mensch frei, sofern er sich sein - sodann unabwendbares - Schicksal selbst wählt.

Aristoteles definiert Freiheit als Selbstursächlichkeit. Frei ist derjenige, der sein Handeln aus sich hervorgehen lässt und es sich als letzter Ursache zu lastet.

Die Stoa beschrieb Freiheit als vernunftmäßiges Selbstsein des Menschen, als Übereinstimmung mit der Gleichgültigkeit gegenüber den Affekten und den Dingen der Welt.

Epikur sagte, Freiheit durch eine bedürfnislose Lebensführung erreichen zu können.

Für **Augustinus** war Freiheit die Vereinbarkeit der individuellen Freiheit und Verantwortlichkeit mit der Allwissenheit und Allmacht Gottes und der daraus folgenden Vorbestimmung menschlichen Handelns.

Erasmus von Rotterdam verstand unter der Freiheit des Willens das „Vermögen des menschlichen Willens, mit dem der Mensch

sich dem, was zur ewigen Seligkeit führt, zuwenden oder von ihm abwenden kann."

M. Luther sah Freiheit nur als innere Freiheit im Glauben gegeben.

Die Aufklärung, an deren Gedanken auch die Französische Revolution anknüpfte, fasste Freiheit als Naturrecht auf, das es gegen vernunftwidrige Herrschaft zu verwirklichen gilt.

Nach der Menschenrechterklärung von 1791 besteht Freiheit darin, alles tun zu können, was keinem anderen schadet.

Kant unterscheidet zwischen Freiheit im negativen Verstanden, als Unabhängigkeit von den bestimmten Ursachen der Sinnenwelt und Freiheit im positiven Verstande, als Autonomie der reinen praktischen Vernunft. Als höchster Bestimmungsgrund gilt das Sittengesetz, der als ein unbedingtes Sollen erfahrene kategorische Imperativ.

Bei **J.G. Fichte** ist Freiheit absolut, die gesamte Wirklichkeit als Tathandlung der schöpferischen Persönlichkeit gedeutet wird.

Nach **G.W.F. Hegel** ist Freiheit unabhängig sein vom anderem.

Der **Marxismus** betont nicht die individuelle Freiheit des Einzelnen, sondern die Freiheit des Menschen als Gattungswesen in Bezug auf die Natur und die gesellschaftlichen Entwicklungsgesetze. Freiheit ist Einsicht in die Notwendigkeit.

Nach **J.-P. Sartre** ist der Mensch als Subjekt dazu verurteilt, frei zu sein und damit in absolute Verantwortlichkeit für die Welt und sich selbst gestellt.

K. Jaspers sah in der Unausweichlichkeit der Wahl - Entschluss und Selbstsein sind eines - die ursprüngliche Freiheit und Schuldfähigkeit des Menschen begründet.

L. Wittggenstein und **G.Ryle** sind Freiheit mit ordentlicher Skepsis begegnet. Sie hatten den Verdacht genährt, dass Freiheit zu den hartnäckigen Illusionen des Menschen gehört.

Im **christlichen Verständnis** ist dem Menschen in der Schöpfung eine relative Freiheit gegeben. Wieweit diese von der göttlichen Allmacht abhängig ist und es dem Menschen zusteht, sein eigenes Heil zu wirken, ist umstritten.

Im **Judentum** gilt das Gesetz - die Tora, in fünf Büchern. Liest man diese als einen großen Textzusammenhang, ergibt sich eine spannende und vielschichtige Erzählung in einen Lebensraum der Freiheit. Rettung aus tödlicher Bedrohung und Befreiung zur Freiheit.

Der **Koran** sagt zur Freiheit aus, der Mensch sollte seine begrenzte Freiheit nicht verschwenden, sondern sie durch Selbstbildung, d.h. durch selbstständig vernünftige Überlegung und Handlung zu einer schöpferischen Freiheit erweitern.

Im Rahmen der **Politik** bedeutet Freiheit zum einen die äußere Unabhängigkeit und die unter das Völkerrecht gestellte Gleichberechtigung eines Staates. Für den Staatsbürger bedeutet Freiheit den größten Handlungsspielraum zur persönlichen Selbstverwirklichung in einer Gemeinschaft.

Wir schließen diesen kurzen Überblick, mit der Freiheit der freien Gedanken eines jeden Lesers zur Freiheit.

Ideologie ist Menschenvorstellung

Den Menschen mit Macht zu bestimmen, ihm die Freiheit der Selbstbestimmung zu nehmen zur Durchsetzung der Menschenvorstellung

Sehen wir uns den Begriff **Ideologie** an, ohne dass wir hier weitere Definitionsversuche der Philosophie oder Politik versuchen.

Was ist Ideologie?

Für **Francis Bacon** ist die Idee einer Aufdeckung von falschen Vorstellungen entscheidend. Die Reinigung des Denkens von *Idolen* (Trugbildern) ist für ihn die Voraussetzung von Wissenschaft. Quellen dieser Trugbilder können Tradition, Sprache, Herkunft und Sozialisation sein.

Für **P.H.T.d'Holbach** und **C.A. Helevétius** ging es bei der Kritik an der Gesellschaft um das beherrschende Ideensystem, insbesondere der Religionen. Ansatz war die Entlarvung der hinter diesen Ideen stehenden und durch diese, die verdeckten Machtinteressen, wie Priesterbetrug usw. aufzuzeigen.

Bei **J. Locke** geht es um die Fundierung einer abgesicherten Theorie der sinnlichen Wahrnehmung, auf deren Basis dann in Frankreich nach der Revolution von 1789 insbesondere Erziehung und Unterricht eine entsprechende Ausgestaltung und Verbesserung im Hinblick auf das Ziel einer sozialen Harmonie erfahren sollten. Eine Programmatik, die, wenn auch noch aufklärerisch fundiert, in ihrer Orientierung an gegebenen Sinneserfahrungen und in ihrem Bemühen um soziale Verbesserung die Gruppe der Ideologen um **Destutt de Tracy** zu Vorläufern des sozialwissenschaftlichen Positivismus des 19. Jahrhundert machte.

Napoleon I. lehnte die Ideologie als überzogene, praxisferne und untaugliche Spekulation ab. Seit dieser Zeit dient der Begriff Ideologie als Kampfbegriff in einem pejorativen Sinne zur Kennzeichnung eines unbegründeten, auf Spekulationen aufbauenden Hangs zur Vervollkommnung der Gesellschaft, ohne reale Bezüge, von Fantasten und realitätsfernen Denkern.

Für **Marx** war Ideologie das Denken einer bestimmten sozialen Gruppe/Klasse zu einer bestimmten Zeit auf der Grundlage der materiellen ökonomischen Verhältnisse und steht in Wechselbeziehung mit diesen.

F. Engels und **F. Mehring** heben den illusorischen Charakter eins sich von materiellen Bedingungen unabhängig denkenden Bewusstseins hervor, andererseits die positive, Bewusstsein bildende, damit auch Welterfahrung und politisches Handeln strukturierender Funktion - richtiges Bewusstsein als positiver Begriff.

G. Lukács, **E. Bloch** und der **westliche Marxismus** versuchen, den Begriff aus dem Reibungsverhältnis der vorherrschenden Bewusstseinsform zum Verlaufsgang sozialer Entwicklung zu bestimmen. Ideologie-Kritik also am Maßstab der jeweils werdenden gesellschaftlichen Totalität zu betreiben.

M. Horkheimer, **T.W. Adorno** sehen angesichts einer totalen Ideologie und einer ebenso totalitären gesellschaftlichen Entwicklung den Maßstab ihrer kritischen Theorie nur noch aus der Negation des bestehenden Verblendungszusammenhangs.

A. Comte sieht Ideologie als die zurückliegenden und gegenwärtigen Sozialutopien, die sich empirischer Prüfung entziehen und dadurch unrealistisch, dysfunktionale Vorstellungen innerhalb des sozialen Entwicklungsgangs bestärken.

Bei **F. Nietzsche**, **S. Freud**, **L. Klages**, **T. Lessing**, **V. Pareto** und **G. Sorel** wird Ideologie als ein für Massengesellschaft und deren Irrationalismen notwendiger Begründungszusammenhang verstanden, der die individuellen Egoismen und Interessen scheinhaft zu binden vermag oder überdeckt und so Gesellschaften beherrschbar machen kann.

Mannheim universalisiert den marxistischen Ideologie-Begriff, lässt den Gesetzescharakter historischen Fortschritts und das in diesen gebundene Wahrheitskriterium weg und bezeichnet so mit dem Begriff Ideologie das auf der Seins Verbundenheit des Wissens und der standortgebunden Aspekt Struktur des Denkens beruhendem Weltbild jeweiliger sozialer Gruppen. Er nimmt also mit einem neutralen Ideologie-Begriff eine für alle sozialen Gruppen gleichermaßen vorhandene jeweils spezifizierte totale Ideologie an, der einzig die gleichsam uninteressierte Betrachtung einer frei schwebenden sozialwissenschaftlichen Intelligenz zu entgehen vermag.

M. Weber und der **Positivismus** akzentuiert Ideologie als System von Ideen, das sich nach der bewertenden Interpretation der Gemeinschaft richtet. Ideologien besitzen Geltung, ohne dass sie die Gültigkeitsmerkmale wissenschaftlicher Aussagen erfüllen können. In dieser Perspektive dienen sie der Legitimation von Wertsystemen und geben Orientierungen, die Handeln und Wertentscheidungen ermöglichen.

K.R. Popper und **H. Albert** wandten sich gegen jede Ideologisierung im Sinne einer umfassen Weltanschauung und im Rahmen des kritischen Rationalismus gegen die Ausweitung und Übertragung von wissenschaftlichen oder sonst wie begründeten Teilaussagen auf die gesamte Lebenswelt.

Wir schließen diesen kurzen Überblick, mit der Freiheit der freien Gedanken eines jeden Lesers zur Ideologie.

Ideologie ist der Feind der **Freiheit**
Es gibt keine Alternative zur Freiheit

Eingesperrt hinter ideologischen Mauern

Ein Volk wurde am 13.08.1961 hinter ideologischen Mauern eingesperrt und ließ sich einsperren. Der real existierende Sozialismus erhebt den Anspruch auf eine umfassende, einzig richtige Weltanschauung in allen politischen, wirtschaftlichen und gesellschaftlichen Fragen, er verfügte über die alleinige Entscheidungskompetenz. Mein Originalbild von 1974 aus einer Buchhandlung in der DDR spiegelt dies im alltäglichen Leben wider. Die sozialistische Ideologie hat einem Volk die Freiheit genommen.
Als Jugendlicher und Student war es für mich nicht vorstellbar, dass dieses Volk seine Freiheit zurückbekommt. Eine Vorstellung, die auf einer liberal sozialen Überzeugung und einer Ausbildung in Freiheit beruhte. Aus der jüngsten Geschichte wurde ich dann

belehrt, dass ein Volk für die Freiheit auch heute noch kämpfen kann, so am 17.06.1953. Persönlich überzeugt, mit Freudentränen in den Augen habe ich dann 1989 erlebt. Unvorstellbar, friedlich die Freiheit zurück erlangt. Ein Volk hat sich friedlich, nachdem der Sozialismus das ganze Land ruiniert hatte, seine Freiheit zurück erkämpft.
Noch heute, wenn ich die Bilder aus der Prager Botschaft sehe, regen sich die Gefühle wie damals. Die Freiheit hat die Ideologie der DDR zerstört, den Feind der Freiheit.
Nun, mehr als 25 Jahres später, entscheiden sich die Deutsche zur Aufgabe der Freiheit. Menschen, die für ihre Freiheit kämpfen, sind nicht willkommen.

Art. 2 Abs. 2 Satz 2 und Art 104 GG schützt die Freiheit der Personen, der Menschen. Sie schützt aber nicht die Besitzstandswahrung. Wenn es für mich vor 1989 unvorstellbar war, dass die DDR die Freiheit zurückerlangt, ist es für mich jetzt nicht mehr unvorstellbar, dass die Deutschen lieber auf die Freiheit verzichten als auf Besitzstand.

Wir sollten das Grundgesetz hier ändern: Der Besitzstand ist unantastbar. Die Freiheit und Würde des Menschen nicht.

Deutschland, werde wach, rechte oder linke Ideologien führen in die Unfreiheit. Diktaturen dauern lange, bis sie bekämpft sind und die Freiheit wieder hergestellt.

Freiheit

Fängt da an,

wo

Ideologie

Endet

Feinde der Freiheit

Feinde der Freiheit
Sind nicht ihre Gegner
Es sind die Bequemen
Die Heuchler, die Heimtücker
Die Gutmütigen, die Gutgläubigen
Die Ja-Sager, auch bei nein
Die Gesellschaftsanpasser
Die Besitzstandswahrer
Die Geistlosen, die Hirnlosen
Freiheitsmeinungslosen
Die Ideologen
Ohne für die Freihet zu leben
Nur fürs eigene ich und heute
In Freiheit, ohne diese zu schützen
Verlogene Duckmäuser Freiheit

Die EU ist die Marionette ihrer Mitgliedsstaaten

Die Anfänge der EU gehen auf 1959er Jahre zurück. Sechs Staaten gründeten damals die EWG, Europäische Gemeinschaft, gezielt zur wirtschaftlichen Verflechtung und Vermeidung von militärischen Konflikten.
Schrittweise erfolgte über die Jahre die Weiterentwicklung zur EU, der Europäischen Union, mit 28 Staaten. Demokratische Staaten schlossen Vereinbarungen, auf der Grundlage der Grund- und Menschenrechte. Dies wurde in der Charta der Grundrechte der EU festgelegt. Sie orientiert sich an der Europäischen Menschenrechtskonvention,

der Europäischen Sozialcharta, den mitgliedstaatlichen Verfassungen, den internationalen Menschenrechtsdokumenten, aber auch an der Rechtsprechung der europäischen Gerichtshöfe.

Also ein solides Fundament. Richtig gedacht von den Gründungsvätern. Anscheinend haben die aktuellen Politiker der Mitgliedsländer weder den originären Geist verstanden noch die dringende Notwendigkeit der EU in heutiger Zeit erkannt. Pacta sunt servanda wird der Einzelstaatlichkeit geopfert. Zielstrebig wird an der Zerstörung der EU gearbeitet. Die EU befindet sich in einem andauernden Krisenmodus.

Schauen wir auf die 2009 beginnende Eurokrise. Schieflage der Haushalte in Griechenland, Portugal, Irland, Zypern usw. Uneinsichtige und vertragsuntreue Griechen. Rettung kurz vor dem Grexit. Jetzt Brexit in England.

Russland führt Europa in der Sicherheitspolitik vor. Keine einheitliche Linie in der Außen-, Sicherheits-, Verteidigungs- und Entwicklungspolitik. Flüchtlingskrise, Aussetzung des Dublin-Abkommens. Keine Einhaltung für Verträge, nationale Grenzsicherung und Schließung von inneren europäischen Grenzen, statt getroffene Vereinbarung in den Verträgen umzusetzen. Rechtspopulisten und Eurogegner im Aufwind. Mit starkem Wind nach Polen.

Aussetzung des Rechtsstaates durch die Nationalkonservativen in Polen. Mit Rübezahl-Schritten aus dem Riesengebirge schreitet der Umbau des Rechtsstaates voran. Durch Gesetzesänderung wurde das

Verfassungsgericht ausgehebelt. Die Regierung hat keine Kontrollinstanz mehr. Mit dem Mediengesetz wurde beschlossen, dass die Medien künftig kontrolliert werden sollen. Ein neues Gesetz über den Staatsdienst macht es möglich, das komplette Führungspersonal auszuwechseln und durch Gefolgsleute zu ersetzen

Polen hat sich die Freiheit hart erkämpft. Sie wird durch vom Volk gewählt sogenannten Demokraten, die sich anscheinend nach der Wahl von der Demokratie per demokratischen Beschlüssen verabschiedet haben, aufgegeben. Ein Beispiel dafür, dass Freiheit schneller verloren als gewonnen ist.

Wenn die EU hier nicht konsequent handelt, zur Sicherung des Rechtstaates, dazu gehören Meinungsfreiheit, Medienfreiheit, Kontrolle der Regierung usw., ist das Projekt EU endgültig gescheitert. Hier kann die EU beweisen, in der Gemeinschaft ist der Rechtstaat nicht gefährdet. Handelt die EU nicht und lässt Polen weiter die Demokratie außer Kraft setzen, ist das Todesurteil gefällt. Die Aufgabe der EU ist es, instabile Verhältnisse, wirtschaftliche Gefahren und Kriegsgefahren zu beseitigen.

Die EU muss die Freiheit schützen und bewahren, notfalls mit Grenzen für Polen, Streichung aller Hilfen, bis hin zum Ausschluss, der so de jure nicht möglich ist. Die Freiheit in der EU muss erhalten bleiben. Wir dürfen die Freiheit nicht aufgeben. Polen muss uns wachrütteln und ein Zeichen für die Freiheit und den Frieden setzen.

Das Licht der Freiheit

Dunkel ist’s im Lande

Ein braunes Netz erschreckt

Das Licht der Freiheit

Das Naturlicht

Leuchtet hell

Erleuchtung bringt’s herein

Es schützt die Freiheit

Das Ende des Dialogs ist das Ende der Demokratie!

Schweigt, Bürger in Deutschland, schweigt! Wir reden nicht mit den „Irren der AfD", auch nicht, wenn sie Waffeneinsatz an der Grenze fordern. Geschwiegen haben wir in der Geschichte schon oft. Wie erkläre ich es jetzt meinem Kind, dass Politiker wie Gabriel, Kraft, Dreyer usw. ablehnen mit Politikern, einer zur Wahl zugelassenen und in Landtagen vertretenen Partei zu reden. Schweigende Demokratie, die mit dem Ruf des Verfassungsschutzes totgeschwiegen werden soll?

Demokratie geht vom Volke aus. Das Wort Demokratie ist im antiken Griechenland entstanden. Die direkte Volksherrschaft, auch

wenn zur damaligen Zeit noch sehr eng gefasst. Mir ist nicht bekannt, dass in der Polis geschwiegen wurde. Es war der Kommunikationsraum, in dem Griechen ihre Erfahrung austauschten und ihre spezifischen Identitäten entwickelten.
Moderne Kommunikationsräume sind die modernen Medien, von Fernsehen bis Internet. Demokratisch gewählte führende Politiker lehnen das Gespräch mit einer Partei ab, die nicht verboten ist, demokratisch in Parlamenten vertreten und gewählte Repräsentanten haben. Sie nehmen Einfluss auf die Medien. Sie machen zur Voraussetzung für die Teilnahme an Diskussionsrunden, dass kein Vertreter der AfD teilnimmt.

Merkmale einer Demokratie sind freie Wahlen, Mehrheitsprinzip, Verfassungsmäßigkeit, Grundrechte, Bürgerrecht, Menschenrechte und die Akzeptanz einer politischen Opposition. Eine politische Opposition ist so lange eine Opposition, wie sie verfassungsmäßig gedeckt ist. Eine Opposition ist für einen führenden Politiker an der Macht kein Wunschkonzert, auch wenn sie unangenehm ist, wie jetzt die AfD. Ich habe meinen Vertreter/in ins Parlament gewählt, dass er auf der Grundlage des demokratischen Rechtsstaates meine Interessen vertritt, gerade auch durch die Diskussion, gegen die blinden, verhassten und sehr fraglichen Positionen der AfD, die die Demokratie mit Füßen tritt und an eine Vergangenheit bei manchen Auftritt erinnert, die nie mehr eintreten darf. Ich habe meine/n Abgeordnete/n nicht gewählt, dass er die Meinungs- und

Pressefreit aufgibt. Polen lebt es gerade vor, was das heißt.

Absagen an die AfD, mit Vertretern nicht zu reden, nicht als Privatpersonen, als Vizekanzler, als Ministerpräsidentin, sind eine Absage an den politischen Dialog, an die notwendige Auseinandersetzung. Absagen an die Medien, nur teilzunehmen, wenn kein Vertreter der AfD teilnimmt, heißt, die Verfassung nicht beachten, heißt, die Medien- und Pressefreiheit außer Kraft zu setzen. Ein erbärmliches Bild, dass der SWR das Spiel von Frau Dreyer angenommen hat. Medienvertreter haben die Neutralität aufgegeben und sich von der Politik bestimmen lassen.
Wenn dann eine Ministerpräsidentin einen Vertreter für ihr Einknicken vor der AfD schicken will, dann spielt sie mit den Medien Kasperletheater und eine gute Wahlkampfmusik, wie einst beim Rattenfänger von Hameln.
Das Erinnerungsvermögen ist nach der Wahl sehr schnell nicht mehr vorhanden. Sie spielt mit der Demokratie, sie spielt mit dem Volk, frei nach dem Motto, Wahlkampf - Machterhaltung - was interessieren mich dann meine Worte /Spielchen von gestern. Der AfD kann ich mich nicht stellen, da halte ich nicht Stand ...!?

Das Volk sollte wie der Rattenfänger daran, vor und nach der Wahl erinnern, mit der Demokratie spielt man nicht.

Rattenfänger von Hameln

(quelle abgewandelt: https://de.wikipedia.org/wiki/Rattenf%C3%A4nger_von_Hameln)

Spiel die Melodie

Des Rattenfänger von Hameln

Die Wahlkampfmelodie

Blind läuft das Volk

Dem Klang der Wahlkampfmelodie hinterher

Gewählt vorbei

Die Melodie verstummt

Vergessen ist die Wahlkampfmelodie

Gibt es keine Volkesmelodie

Die nicht verklingt in der Demokratie

Die wie die Rattenfängermelodie

Erinnert was versprochen

Politiker die auf dieser Basis Politik betreiben, verstoßen gegen die freiheitlich demokratische Grundordnung. Der Amtseid, den sie geleistet haben, ist der Eid auf diese Grundordnung. Wer das Grundrecht der Presse- und Meinungsfreiheit versucht einzuschränken, hat ein demokratische Verständnis, was er gerade bei der AfD beanstandet. Das Wort ist die beste Waffe, solche verirrten Köpfe wie die AfD politisch zu bekämpfen.
Wer das Wort nicht aufgreift, wer die Flucht ergreift, hat verloren.
Verloren hat dann die freiheitlich demokratische Grundordnung.
Die Freiheit ist schneller aufgegeben als zurückgewonnen.

Politiker, ergreift das Wort, nicht die Flucht.

Ein Verbrecherreich

Vorwurfsvoll, fragte ich
Die Eltern, die Großeltern
Die Generation von damals
Ein Verbrecherreich
Wie konnte das geschehen?
Wegsehen, werde ich nicht
Fremdenhass, Gewalt, Ausländerfeind-
lichkeit
Lassen wir, das Volk
In diesem Land nicht zu
Hinsehen, abgetaucht wird nicht
Klare Meinung wird artikuliert
Wir erhalten unsere Freiheit
Der Mob, die Dummheit, der Hass
Wird aus der Freiheit
Mit der Freiheit bekämpft
Für die Freiheit und den Frieden

Wahnsinn

Das ist doch Wahnsinn
Wir liefern Waffen für Kommerz
Die Humanität werfen wir über Bord
Für Besitzstandswahrung
Dem Böhmermann geben wir Meinungsfreiheit
Für satirischen Schwachsinn
Für Meinungsfreiheit allein
Und werfen die Meinungsfreiheit über Bord
Hauptsache Diskussion in den Medien
Weiß nicht was Meinungsfreiheit ist
Aber Meinungsfreiheit brauchen wir
Scheiss drauf
Liberté, Egalité, Fraternité
Hauptsache ich bin dabei
Ein Sieg der Dummheit

Meinungsfreiheit ist keine Satire

Solidarität mit Böhmermann laut gebrüllt, Populismus pur, Hauptsache, wir haben ein Thema, was die Medien füllt und jeder kann in den sozialen Netzwerken seinen Kommentar dazu abgeben.
Besonders beeindruckend finde ich die Initiative „Freiheit für Böhmermann", ist er schon verurteilt? Ist er schon verhaftet? Haben Gerichte schon entschieden, über seinen eigenen Wunsch.
Er nahm bewusst in Kauf, die Grenze zwischen Kunstfreiheit und strafbarer Beleidigung zu überschreiten. Er trug sein Gedicht erst vor, nachdem er erklärt hatte, dass Schmähungen verboten sind. Also wieso Freiheit für Böhmermann, er hatte doch alle Freiheit und hat noch alle Freiheiten.

Satire, auch Spottdichtung genannt, thematisiert oder verspottet Zustände in sprachlich überspitzter Form. Was hat das Gedicht von Böhmermann mit Thematisierung von

Zuständen zu tun? Kein Zustand in der Türkei wird dargestellt. Es ist ein persönlicher Angriff auf den Präsidenten und Mensch Erdoğan.
Schaut man sich nur einzelne Ausschnitte an, „Schweinefurz riecht schöner, er ist der Mann der Mädchen schlägt … er mag Ziegen ficken … Kinderpornos schauen, … ein Präsident mit kleinem Schwanz … die dumme Sau … dieser Mann ist schwul … Der Star auf jeder Gangbang-Feier …", sieht man, dass es nicht um die Türkei geht. Dies sind persönliche unsachliche, ungereimte und inhaltliche Angriffe auf niedrigstem Niveau gegen einen anderen Menschen. Hier kann man nicht die unstreitigen Probleme der Türkei, die Amtsführung von Erdoğan, die beschränkte Meinungsfreiheit usw. dagegen aufrechnen, denn Böhmermann greift persönlich direkt an und auch für Erdoğan gelten die Menschenrechte. Das wusste er. Es sind vorsätzliche falsche Behauptungen, Schmähungen gegen Erdoğan.

Die Meinungsfreiheit, genauer Meinungsäußerungsfreiheit, ist ein subjektives grundgesetzlich geschütztes Recht, seine Meinung in Wort, Schrift und Bild frei äußern zu können. Schon 1789 in Art 11 der Erklärung der Menschen- und Bürgerrechte in Frankreich, wurde dieses Recht, als eines der kostbarsten Rechte des Menschen bezeichnet. „Un des droits les plus précieux de l'Homme."

Bezeichnend für die Meinungsfreiheit ist auch das Zitat von Evely Beatric Hall, aus der Biographie über Voltaire:

„I disapprove of what you say, but I will defend to the death your right to say it."
„Ich lehne ab, was Sie sagen, aber ich werde bis auf den Tod Ihr Recht verteidigen, es zu sagen."

Die Beschränkungen der Meinungsfreiheit dürfen keine abweichenden Meinungen unterbinden, sondern nur zum Staatsschutz oder zum Schutz anderer wichtiger Interessen eingesetzt werden. Art 5 Abs 1. GG schützt dies in unserem Recht.

„Jeder hat das Recht, seine Meinung in Wort, Schrift und Bild frei zu äußern und zu verbreiten und sich aus allgemein zugänglichen Quellen ungehindert zu unterrichten. Die Pressefreiheit und die Freiheit der Berichterstattung durch Rundfunk und Film werden gewährleistet. Eine Zensur findet nicht statt".

Die Grenzen der Meinungsfreiheit sind in Art 5 Abs. 2 GG geregelt.

„Diese Rechte finden ihre Schranken in den Vorschriften der allgemeinen Gesetzen, den gesetzlichen Bestimmungen zum Schutze der Jugend und in dem Recht der persönlichen Ehre".

Diese waren nach den Einführungen Böhmermann bekannt. Er nahm bewusst einen Verstoß gegen §103 und 185 ff StGB in Kauf.
Nicht nur aber diesen Verstoß, nein, auch einen Verstoß gegen die Meinungsfreiheit. Diese schützt nicht eine Verletzung des

Persönlichkeitsrechtes, unwahre Aussagen, die nicht als fiktiv oder karikaturhaft dargestellt werden. Sie schützt keine Schmähkritik und üble Nachrede. Nach einem Urteil des Bundesgerichtshofs kann von Schmähkritik nur die Rede sein, wenn bei der Äußerung nicht mehr die Auseinandersetzung in der Sache, sondern die Diffamierung der Person im Vordergrund steht, die jenseits polemischer und überspitzter Kritik persönlich herabgesetzt und gleichsam an den Pranger gestellt werden soll.
Betrachtet man das Gedicht von Böhmermann unter der dargestellten Perspektive, nach dem Recht auf Meinungsfreiheit, was auch als Recht die Grenzen aufzeigt, so sollte ein Journalist, insbesondere eines öffentlich rechtlichen Senders, nicht gegen die Bestimmungen der Meinungsfreiheit verstoßen. Dafür ist diese zu wertvoll, wie man z.B. in der Türkei, in Polen usw. sieht, wenn die Meinungsfreiheit eingeschränkt wird.

Erdoğan hat das Recht, in Deutschland Strafantrag zu stellen. Unser demokratischer Rechtsstaat muss das Ermittlungsverfahren bei Anfangsverdacht aufnehmen. Dieses Recht ist Erdoğan nicht genommen, weil er in seinem Land anders handelt. Es ist der Deutsche Rechtsstaat, der uns die Freiheit gewährt. Deshalb sollte hier ein Gericht objektiv entscheiden. Die Politik,

auch wenn diplomatisch dies jetzt benutzt oder ausgenutzt wird, hat bei der Entscheidung keinen Einfluss.

Böhmermann hat dies provoziert und soll sich jetzt stellen. Er hat die Meinungsfreiheit in fahrlässiger Weise geschädigt.
Eines Demokraten und Journalisten unwürdig. Hätte er auf die Zustände in der Türkei aufmerksam gemacht, auch in klaren Worten, hätte er mehr erreicht als diese überzogene Aufmerksamkeit und den Bumerang-Effekt vermieden.

Wer hier anderer Meinung ist, sollte sich mit dem Rechtsstaat, Demokratie und Gerechtigkeit in Deutschland auseinander setzen und dann Initiativen starten.

Freiheit heißt Verantwortung, die Menschenrechte unserer Mitmenschen zu respektieren und zu verteidigen und keine Mauern in den Köpfen aufbauen.

Die große Freiheit

Facebook, Google, Xing, …

Hambach war dagegen unbedeutend

Halsschmerz heute - große FB Grippe

Ach du Arme/r

Gute Besserung - erhol dich schnell

Sind unsere Politiker unfähig

Kein Studium - keine Ahnung

Bin ich gut - kann alles kommentieren

Wird von allen Seiten nur geliket

Freiheit durch Bestätigung

Gegenmeinung nicht erwünscht

Austeilen darf ich

Einstecken kann ich nicht

Da wird gelöscht, gesperrt …

In den FB-Mauern

Neuer Mauerbau in den Köpfen

Da ist mir Hambach lieber

Der gelebte Geist kennt keine Mauern

Freiheit ist nicht rechts, nicht links

Wer nicht links ist rechts

Wer nicht rechts ist links

Einfache Gesellschaftsdefinition

Brauner Sozialismus

Roter Sozialismus

Schublade auf, Schublade zu

Das Gegenteil von links oder rechts

Heißt Freiheit

Rückzug von Staat und Politik

Dem Menschen die Freiheit geben

Die die Natur ihm gab

Die der Mensch genommen hat

Das Zauberwort ohne Ideologie

Heißt Freiheit

Schützt sie

Sie ist schneller weg, als errungen

Freiheit

Freiheit ist keine Ideologie
Freiheit ist keine Religion
Freiheit ist kein Glaube
Freiheit ist ein Naturzustand
Freiheit ist Leben
Freiheit ist nur mit
Freiheit zu schützen

Stranger im eigenen Land

Bin ich noch in Deutschland
Dem Land der Dichter und Denker
Dem Land der Menschenrechte und Demokratie
Wo schwarz rot gold
Über Hambach und dem Bundestag
Für die Freiheit weht

Wo Religionsfreiheit grundrechtlich
garantiert
Aber der Islam nicht zu Deutschland gehört

Wo brauner Mob auf die Straße geht
Und sagt, wir sind das Volk

Wo linker Mob Brandsätze wirft
Und sagt, wir sind das Volk

Wo Asylrecht im Grundgesetz verankert
Aber Flüchtlinge nicht willkommen sind

Wo jeder Freizügigkeit zum arbeiten oder
nicht arbeiten hat
Aber Dekadenz, wegen politischer Macht,
gefördert wird

Wo die Freiheit lieber aufgegeben wird
Wegen Besitzstandswahrung

Wo Waffen zum Kriegsführen von der Politik
genehmigt werden
Kommerz geht vor allem

Wo Angriffskrieg grundrechtlich verboten ist
Aber auf der Welt, unser Militär überall vertreten ist

Wo politische Ideologie in die Bildung eingreift
Ein fast einheitliches Bildungssystem schafft

Ich bin Stranger im eigenen Land
Deshalb werde ich mich integrieren
Für die Freiheit
Für den Rechtsstaat
Für dic Menschenrechte
Für den Frieden der Menschen untereinander

Aber nicht
Für Ideologie gegen die Menschen kämpfen

Ich sah den Geist von Hambach. Ich roch den Duft der Freiheit.

Ich sah aber auch die Dummheit des Mob, den braunen Duft in

Deutschland, die Aufgabe der Rechtsstaatlichkeit in Polen, den

Brexit in England, ich sah die Gefahren der Revolution, wenn die Freiheit zerstört wird.

Vor einigen Tagen stand ich auf den Stufen des Hambacher Schlosses. Stellte mir vor, wie 30 000 Menschen 1832 im Mai ohne Navigation, ohne Sitzheizung, ohne bequemes Fahrgerät anreisten, Deutsche, Polen, Franzosen. Anreisten zur Massenkundgebung für die Freiheit. Die Menschen wussten, was Unfreiheit ist. Dieses Wissen fehlt heute völlig. Die Folge ist leichtfertige Aufgabe der Freiheit, für Kleinstaatlichkeit und Besitzstandswahrung. Die Dummheit versucht hier, einen Sieg über die Vernunft der Freiheit zu führen. Diesen Sieg der Geistlosen, des Mobs, der Unwissend dürfen wir nicht zulassen.
Es hat zu lange gedauert, bis das Pflänzchen Freiheit angewachsen war. Zerstören wir es jetzt, kann es nur aus der Unfreiheit und

dem Kampf für die Freiheit wieder eingepflanzt werden. Das Blut der Revolution wird dann wieder fließen. Dem ist entgegenzusteuern, auch wenn wir etwas Besitzstand aufgeben müssen.

Ich habe versucht, mit diesem Bändchen ein Plädoyer für die Freiheit zu halten ohne philosophisch akademischen Anspruch.
Es ist aus Gefühl entstanden. Manchmal fühle ich mich wie ein Fremder in Deutschland - in Europa. Es soll zum Denken für die Freiheit anregen. Erhalten wir diese. Notwendige Veränderungen und Anpassung nehmen wir aus Freiheit, mit Diskussion und in Freiheit vor.

Die Freiheit ist das höchste menschliche Gut. Eine Verpflichtung gegenüber den Menschen und der Natur. Sie fängt mit der Geburt an, ist eine Verpflichtung für die Eltern, die Kinder in Freiheit zu erziehen, und für die Kinder dann ihr Leben in und für die Freiheit zu gestalten, ohne Angst.

Mit den Worten meines FB-Freundes Karl Feldkamp ausgedrückt:

„Wahre Freiheit ist vor allem Freiheit vor der Angst der Freiheit".

Haben wir keine Angst vor der Freiheit von Geburt bis zum Tode.

Mit einem persönlichen Schlusswort beende ich mein Plädoyer für die Freiheit, meine Frau kannte von Staat verordnet die

Unfreiheit in freiem Elternhaus, ich kannte von Staat verordnete Freiheit in unfreiem Elternhaus und habe als Kind, Jugendlicher diese Elternverordnung mütterlicherseits nicht nachvollziehen können. Ideologie vom Staat verordnet oder von den Eltern in der kleinen Einheit Familie ist immer der Feind der Freiheit, wir hatten immer Angst, meine Frau und ich.

Setzen wir uns gemeinsam für den Erhalt der Freiheit in Freiheit für die Freiheit ein, für ein Leben in Freiheit.

Unfreiheit ist kein Leben, es ist Gefängnis.

Ergänzende Quellen: www.wikipedia.org und Brockhaus die Enzyklopädie (Seite 12-15 und 17-20)

Bilder: Ursula und Jürgen Zwilling

0,50 € pro verkauftes Buch, werden für die Tiere und Natur gespendet. Eine Stiftung ist in Planung.

Vita

Jürgen Zwilling. 1959 in Mainz geboren, aufgewachsen und studiert.
Verheiratet, eine Tochter. Seit 35 Jahren selbstständiger Mittelständler. Schon früh für Literatur, Schreiben und Fotografie interessiert. Seit einigen Jahren diesem Hobby in der Freizeit nachgekommen und neben mehreren veröffentlichten Büchern 2018 eine Galerie für Fotografie eröffnet.

Veröffentlichungen unter:
www. http://juergen-und-ursula-zwilling.de
und www.juergen-zwilling.de.

Galerie unter:
https://www.juergen-und-ursula-zwilling.de/cataloges.php?category=10

Im Rediroma-Verlag erschienen: